Ein Weihnachtsabend
mit Theodor Fontane

Ein Weihnachtsabend mit Theodor Fontane

Reclam

RECLAMS UNIVERSAL-BIBLIOTHEK Nr. 14208
2021 Philipp Reclam jun. Verlag GmbH,
Siemensstraße 32, 71254 Ditzingen
Umschlaggestaltung: zero-media.net
Umschlagabbildung: Winterlandschaft mit Pferdeschlitten –
© Sotheby's/akg-images
Schmuckelemente: © shutterstock / Nadezhda Molkentin
Druck und Bindung: Eberl & Koesel GmbH & Co. KG,
Am Buchweg 1, 87452 Altusried-Krugzell
Printed in Germany 2022
RECLAM, UNIVERSAL-BIBLIOTHEK und
RECLAMS UNIVERSAL-BIBLIOTHEK sind eingetragene Marken
der Philipp Reclam jun. GmbH & Co. KG, Stuttgart
ISBN 978-3-15-014208-0
www.reclam.de

Inhalt

Theodor Fontane

Weihnachten mit Fontane

Nur wenige Tage nach Weihnachten, nämlich am 30. Dezember, wurde Heinrich Theodor Fontane (1819–1898) in Neuruppin geboren. Vielleicht ist dies einer der Gründe, warum das Weihnachtsfest in seinen Romanen, Gedichten und Erzählungen eine wichtige Rolle spielt. Aber auch die anderen jährlichen Feste finden in seinen Werken Erwähnung: Sei es nun Silvester, das Osterfest oder der Geburtstag – Fontane war im Herzen immer ein Kind, das feierliche Anlässe zu schätzen wusste.

Aufgrund des Berufs seines Vaters hatte er sich zunächst für eine Apothekerausbildung entschieden, die er 1839 vollendete. Im selben Jahr trat er erstmals mit der Literatur in Kontakt und veröffentlichte seine erste Novelle »Geschwisterliebe«. 1849 beschloss er schließlich, sich voll und ganz seiner Leidenschaft zu widmen. Er gab den Apothekerberuf auf und lebte als freier Schriftsteller. Eine gute Entscheidung, denn Fontane war nicht zuletzt ein Meister der Sprache, er liebte geistvolle, geschliffene Formulierungen und verbannte alles Unechte oder Theatralische. Doch auch, wenn Fontane ein überaus bedeutender Vertreter des literarischen Realismus war, bedeutet das nicht, dass gefühlvolle Feste oder leidenschaftliche Geschehnisse bei ihm keinen Platz gehabt hätten. Er verstand es, das Feierliche im Leben auf ganz eigene Art und Weise zu beschreiben, nämlich mit sanfter Ironie und Wortgewandtheit. Besonders diese Verbundenheit zu allem Festlichen lässt uns in seinen Werken sowie in seinen zahlreichen Briefen mit seiner Frau Emilie Fontane (1824–1902) erkennen, welche große Bedeutung Weihnachten für ihn hatte.

Glückliche Stunden aufzuzeichnen,
Empfange dieses kleine Buch,
Es hat kaum mehr als 100 Seiten,
Doch ist's zum Anfang groß genug.
Besser mit Kleinem anzufangen,
Als endlose Blätter groß und leer.
Vielleicht übers Jahr, oder schon früher,
Schick ich ein anders dir über das Meer.

An Adam Flenders Tochter
(Mit einem Poesiealbum, Weihnachten 1855)

Eisig ist der Winter

Mein Herze, glaubt's, ist nicht erkaltet,
Es glüht in ihm so heiß wie je,
Und was ihr drin für Winter haltet,
Ist Schein nur, gemalter Schnee.

Mein Herze, glaubt's, ist nicht erkaltet – Bekenntnisse

Verse zum Advent

Noch ist Herbst nicht ganz entflohn,
Aber als Knecht Ruprecht schon
Kommt der Winter hergeschritten,
Und alsbald aus Schnees Mitten
Klingt des Schlittenglöckleins Ton.

Und was jüngst noch, fern und nah,
Bunt auf uns herniedersah,
Weiß sind Türme, Dächer, Zweige,
Und das Jahr geht auf die Neige,
Und das schönste Fest ist da.

Tag du der Geburt des Herrn,
Heute bist du uns noch fern,
Aber Tannen, Engel, Fahnen
Lassen uns den Tag schon ahnen,
Und wir sehen schon den Stern.

Der Winter

Ich throne magisch umschimmert
Im stillen Reiche der Nacht,
Und wenn der Polarstern blitzet und flimmert
Und wenn das Schneefeld glitzert und glimmert
Da blend ich des Tages Pracht.

Es zieren die starren Moräste
Viel Binsen im Silberschein,
Es schmücken sich Gräser und Strauchwerk und Äste,
Als wär es zum Heiligen Weihnachtsfeste
Mit Perlen und Edelgestein.

Bald thron ich, das Jahr zu beschließen,
Als König im Eispalast,
Dann lass ich dem Froste die Zügel schießen,
Dann fasst er die Ströme, gleichviel ob sie fließen,
Ob stürzen in ängstlicher Hast.

Doch wenn ich der Erde die Wonnen
Des Daseins allmählich geraubt,
Dann fort mit den Wolken! Dann hab ich's den Bronnen
Den Bächen und Strömen, sich lustig zu sonnen,
Noch immer mit Freuden erlaubt.

Ernst bin ich, und derbe von Sitten,
Rau, mürrisch, verdrießlich und kalt,
Und doch am Kamine, da lass ich inmitten
Der Lust und des Frohsinns mich selbst noch erbitten,
Und tanze mit jung und mit alt.

Alles still!

Alles still! Es tanzt den Reigen
   Mondenstrahl in Wald und Flur,
Und darüber thront das Schweigen
   Und der Winterhimmel nur.

Alles still! Vergeblich lauschet
   Man der Krähe heisrem Schrei.
Keiner Fichte Wipfel rauschet,
   Und kein Bächlein summt vorbei.

Alles still! Die Dorfeshütten
   Sind wie Gräber anzusehn,
Die, von Schnee bedeckt, inmitten
   Eines weiten Friedhofs stehn.

Alles still! Nichts hör ich klopfen
   Als mein Herze durch die Nacht –
Heiße Tränen niedertropfen
   Auf die kalte Winterpracht.

Der erste Schnee

Herbstsonnenschein. Des Winters Näh
   Verrät ein Flockenpaar;
Es gleicht das erste Flöckchen Schnee
   Dem ersten weißen Haar.

Noch wird – wie wohl von lieber Hand
   Der erste Schnee dem Haupt –
So auch der erste Schnee dem Land
   Vom Sonnenstrahl geraubt.

Doch habet acht! mit einem Mal
   Ist Haupt und Erde weiß,
Und Liebeshand und Sonnenstrahl
   Sich nicht zu helfen weiß.

Wintermorgen

Die Wolken ziehn gleich Trauergästen,
Den Mond zu Grabe zu geleiten;
Die Winde rauschen in den Ästen
Wie durch der Äolsharfe Saiten.

Die grünen Tannen schauen düster
Auf eine blätterlose Eiche,
So blicken trauernde Geschwister
Auf der geliebten Schwester Leiche.

Schon flattern in der Luft die Raben,
Des Winters unheilvolle Boten,
Bald wird er tief in Schnee begraben
Die Erde, seinen großen Toten.

Ein Bach läuft hastig mir zur Seite;
Er ahnt des Winters Eisesketten
Und stürzt sich fort und sucht das Weite,
Als könnt ihm Flucht das Leben retten.

Da konnt ich länger nicht inmitten
Des öden Todes Reiches weilen,
Da trieb es mich, mit hastgen Schritten
Dem flüchtgen Bache nachzueilen.

Winterabend

Da draußen schneit es: Schneegeflimmer
    Wies heute mir den Weg zu dir;
Eintret ich in dein traulich Zimmer,
    Und warm ans Herze fliegst du mir –
Ab schüttl ich jetzt die Winterflocken,
    Ab schüttl ich hinterdrein die Welt,
Nur leise noch von Schlittenglocken
    Ein ferner Klang herübergellt.

»Nun aber komm, nun lass uns plaudern
    Vom eignen Herd, von Hof und Haus!«
Da baust du lachend, ohne Zaudern,
    Bis unters Dach die Zukunft aus;
Du hängst an meines Zimmers Wände
    All meine Lieblingsschilderein,
Ich seh's und streck danach die Hände,
    Als müss es wahr und wirklich sein.

So flieht des Abends schöne Stunde,
    Vom fernen Turm tönt's Mitternacht,
Die Mutter schläft, in stiller Runde
    Nur noch die Wanduhr pickt und wacht.
Ade, ade! von warmen Lippen
    Ein Kuss noch – dann in Nacht hinein:
Das Leben lacht, trotz Sturm und Klippen,
    Nur Steurer muss die Liebe sein.

Weihnachtsgrüße
aus tiefstem Herzen

Ich liebe dich, und bin geborgen,
Wenn du mir Lieb um Liebe gibst;
Das aber sind all meine Sorgen:
Ob du so recht mich wieder liebst?
O könnt ich doch zu dieser Stunde
In deine lieben Augen schaun,
Ich schöpfte wohl aus ihrem Grunde,
Wie immer Hoffnung und Vertraun.

Meiner lieben Emilie zum achten Dezember (1846)

Grüße aus dem Café Divan

Emilie Fontane war für Theodor Fontane nicht nur eine Ehe-
frau, sondern eine Partnerin auf Augenhöhe sowie eine un-
entbehrliche Hilfe, indem sie seine kaum leserlichen Manu-
skripte korrigierte und sie ins Reine schrieb. Theodors häufi-
ge Abwesenheit aufgrund beruflicher Verpflichtungen (zum
Beispiel arbeitete er von September 1855 bis Januar 1856 bei
einem deutschen Pressedienst in London) führte zu einem
umfangreichen Briefwechsel, mit dem die beiden jeweils die
Nähe des anderen trotz der großen Entfernung spüren konn-
ten.

London, d. 17. November 1855

Meine liebe Frau.

Die Zeilen sollen nicht viel andres als meine Freude über
Deinen heut erhaltenen Brief und die Mitteilung enthalten, dass ich wieder ziemlich auf den Beinen bin. Ich sage
›ziemlich‹, weil mir immer noch ein Rest von Erkältung in
den Gliedern sitzt, ein böser Feind, den ich im Laufe dieses
Winters auch schwerlich ganz loswerden werde. Ich habe
soeben unten bei Simpson im Zug gesessen und, während
ich eine Treppe hoch diese Zeilen schreibe, sitz ich wieder
im Zug. Wenn ich zu Hause bin, muss ich im Zuge arbeiten
und mich anziehn und im Zuge schlafen. Die Engländer
nennen das ›Ventilation‹; was sie ›Zug‹ nennen, deckt die
Dächer ab und würde in der ganzen übrigen Welt Sturm-
wind heißen. Hätt’ ich die kalten Bäder, so möcht es gehn;
aber ohne diese ist es für mich sensiblen Menschen eine
harte Nuss. Was mich rettet, ist der Pelz. Mag seine Entste-

hungsgeschichte in Dunkel gehüllt sein wie die Geburt aller großen Erscheinungen, – gleichviel er ist da und er beglückt. Oft seh ich ihn wehmütig an und gedenke des harteschmähten L e p e l, der nun mal ein Sohn der Charitas und ein Jünger der Musen, aber freilich kein Liebling der Grazien ist. Beiläufig bemerkt, macht der Pelz hier völliges Furore, h i e r, wo sonst nichts Aufsehn zu erregen vermag. Ich könnte hier die erste Zeitung der Welt redigieren und niemand würde mich kennen; ich könnte mir brennende Räucherkerzchen so lange in die Nase stecken, bis ich tot wäre, und nichts würde mein Lohn sein als ein Leitartikel in der Times; aber diesem Pelz kann London auf die Dauer nicht widerstehn, und halb wird *the foreigner with the fur* (der Fremde mit dem Pelz) zwischen Queens Square und Strand eine gekannte Größe sein. *Who is your tailor* (Wer ist Ihr Schneider?) brüllte mir neulich ein Cabkutscher nach, und im Allgemeinen hält man mich für einen im Bomarsund gefangen genommenen russischen Offizier, der jetzt Erlaubnis erhalten hat, sich London anzusehn.

Ob es dir möglich sein wird, diesen Brief zu entziffern, mögen die Götter wissen. Nun, du hast ja Zeit. Schreibe bald wieder Deinem

Theodor.

Weihnachtsepistel 1855

London, 3 ½ Uhr morgens an Emilie

Im Café Divan wieder einmal
Starr ich still in die flammenden Leuchter,
Das Herz wird weihnachtssentimental,
Und die Wimpern werden feuchter.
Doch zwischen die Tränen tritt Freund Humor,
Ein gemütlich lustiger Lerse,
Und nur ein leiser Trauerflor
Legt sich um die lachenden Verse.

Ich seh im Geist ein rumpliges Haus
Und eine rumplige Stube,
Drei Frauen gehen ein und aus,
Und der vierte ist mein Bube.
Die älteste Frau hat schwarzes Haar,
Und die jüngste hat es nicht minder,
Das macht, es ist, wie's immer war,
Es ähneln sich Mutter und Kinder.

Die dritte sieht ihren Knaben an
Unter Lachen und unter Weinen,
Die denkt: ich hab eine Art von Mann
Und hab auch wieder keinen.
Der Junge spielt und fährt über See,
Um seinen Vater zu suchen,
Er ruft: »Lieb Mutter mein, ade,
Ich hole den Butterkuchen.«

Der Vater, ach, ihm ist nicht nett,
Er muss sich wehren und stemmen,
Er säße viel lieber im Kabriolett
Und passierte Friesack und Cremmen,
Er spränge gern zum Wagen hinaus
Am Kanal und der Kirchplatz-Ecke,
Und schleppte gern in das rumplige Haus
Den besten der Ruprechtsäcke.

Es kann nicht sein. Am Londoner Strand,
In Simpsons stolzer Taverne,
Legt an die Stirn er seine Hand
Und träumt sich ferne, ferne.
Er sieht durch Nebel und über das Meer
Eine Fülle lieber Gesichter,
Und heimisch wird es um ihn her,
Als brennten die Weihnachtslichter …

Weihnachten 1859

An Emilie

Gekommen ist der Heil'ge Christ
Die ganze Stadt voll Lichter ist;
Auch unsre sollen brennen.
Die Sorgen weg und zünde an,
Ich will derweil, so gut ich kann,
Dir meine Wünsche nennen.

Empfang zuerst ein Strumpfenband,
Das ich für dreißig Pfengk erstand
Bei Fonrobert im Laden.
Ich wünsche dir, geliebtes Weib,
Bald wieder einen dünnern Leib
Und etwas dick're Waden.

Empfang alsdann ein Kontobuch,
Fürs Credit ist es groß genug,
Fürs Debet etwas kleine.
Indes, es heißt ja: »rund die Welt«,
Der Beutel wird mal wieder Geld
Und hilft uns auf die Beine.

Und drum zuletzt den heißen Wunsch,
Dass unsres Schicksals dicker Flunsch
Bald hübsch'ren Zügen weiche,
Und dass ein bisschen Sonnenschein
Zieh wieder endlich bei uns ein
Und unser Herz beschleiche.

Zum 24. Dezember 1887

An Emilie

Der neue Roman, ich hab ihn fertig,
Wenn auch nicht in allen Stucken,
Er ist noch deiner Abschrift gewärtig, –
Dann kann ihn Kröner drucken.

»Unwiederbringlich« sein Titel ist,
Unwiederbringlich ist vieles,
Doch lasen wir das zum Heiligen Christ
Und gedenken wir – *unsres* Zieles.

Zum 24. Dezember 1891

An Emilie

Noch einmal ein Weihnachtsfest,
Immer kleiner wird der Rest,
Aber nehm ich so die Summe,
Alles Grade, alles Krumme,
Alles Falsche, alles Rechte,
Alles Gute, alles Schlechte –
Rechnet sich aus all dem Braus
Doch ein richtig Leben raus,
Und dies können ist das Beste
Wohl bei diesem Weihnachtsfeste.

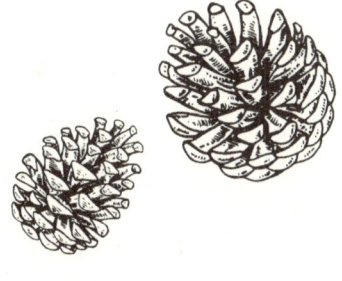

Das Weihnachtsfest ist endlich da

So heiter!
Es ist gescheiter
Als alles Gegrübel; –
Gott hilft weiter,
Zur Himmelsleiter
Werden die Übel.

Weihnachtsspruch 1861

Christnacht

1

Auf dem weißgedeckten Tische
Prangt der grüne Weihnachtsbaum,
Trägt im buntesten Gemische
Kerzen, Gold- und Silberschaum.

Vor dem Tische steht ein Knabe,
Blickt die Schätze hastig an,
Ob vielleicht die Weihnachtsgabe
Ihm das Herz erfreuen kann.

Aber nichts will ihm gefallen,
Selbst das Schönste dünkt ihm Tand,
Und er weint, weil an dem allen
Nicht sein Herz Befriedgung fand.

»Mutter, einzig gute Mutter,
Sieh mich nicht so traurig an,
Will ja länger nicht mehr weinen,
Hat es dir doch weh getan.

Ach, du fragst: ›Woher die Tränen?‹
Alles, alles, was mich quält,
Ist, dass mich ein heißes Sehnen
Nach – ich weiß nicht was – beseelt.«

Auf der weißbeschneiten Erde
Steht an eines Friedhofs Saum
Eine Fichte, wunderprächtig,
Wie ein riesger Weihnachtsbaum.

Tausend helle Kerzen flimmern
Über ihm am Himmelsraum,
Und des blassen Mondes Schimmern
Ist des Christbaums Silberschaum.

An der Fichte, vor dem Grabe
Seiner Braut, das sie bewacht,
Kniet nach manchem Jahr der Knabe
Wieder, in der Christesnacht.

»Gott der Liebe, hier am Grabe
Hast Du endlich Dich bewährt,
Hast als schönste Weihnachtsgabe
Endlich Tränen mir beschert;

Mir, dem Du so viel genommen,
Dem so alles, alles fehlt,
Dass ihn, wenn die Tränen kommen,
Heißer Dank dafür beseelt.«

Weihnachtliche Verlobung

Fontanes Mathilde Möhring aus dem gleichnamigen Roman (1906 postum veröffentlicht) lebt mit ihrer Mutter in einer kleinen Berliner Wohnung. Aufgrund des frühen Todes ihres Vaters müssen die beiden Möhring-Damen regelmäßig Untermieter aufnehmen, um über die Runden zu kommen. Der Mieter Hugo Großmann, ein Jurastudent, der kurz vor seinem Examen steht, hat es Mathilde besonders angetan, denn in ihm erkennt sie den erlösenden Ausweg aus ihrer misslichen finanziellen Lage. Es dauert nicht lange, und er verfällt der lebenstüchtigen Berlinerin – trotz der Warnung seines Freundes Rybinski: »[E]s braucht bloß ein bisschen Mondschein, so verklärt sich alles.« Pünktlich zur Weihnachtszeit verkündet Mathilde diese ganz besondere Überraschung ihrer Mutter.

Das geplante Bettgespräch hatte stattgefunden und war unter Vermeidung aller Umschweife mit dem Satze begonnen worden:

»Mutter, weißt du was?«

»Nu was denn, Thilde?«

»Ich habe mich mit ihm verlobt.«

Die Alte richtete sich auf wie ein Gespenst, sah Thilden an und sagte dann: »O Gott, was soll nu aus mir werden?«

»Gar nichts Mutter. Du bleibst, was du bist, und ein Esser ist weniger. Und wenn du was brauchst, dann schick ich es dir.«

»Ja kann er denn? Hat er denn was?«

»Noch nich Mutter. Aber wenn ich ihn bloß erst habe, das heißt richtig verlobt vor Gott und Menschen, da wird es schon werden. Er sieht ja doch aus wie auf der Kanzel, und so einer kommt immer an. Ich werd ihn schon anbringen.«

»Und wirklich verlobt? Und nich bloß so gesagt? und nachher sitzt du da, wie so ganz, ganz arme und unglückliche Mädchen dasitzen …«

»Ich weiß nicht, was das immer soll, Mutter. Vater hat gesagt: ›Thilde, halte dich propper.‹ Und hab ich nich? Und nu kommst du immer mit solchen Geschichten, so hintenrum, dass man nicht recht sagen kann, was du meinst. Aber ich weiß es schon. Und ich sage dir, ich bin nich so dumm. Er wollte mir einen Kuss geben und war so stürmisch, weil er noch krank ist. Aber ich habe ihn in seine Schranken zurückgewiesen.«

»Das ist recht, Thildechen. Und wann denkst du denn, dass es ins Blatt kommt? Oder soll es ganz still und verborgen sein? Es ist doch immer besser, andre wissen es auch; dann geniert er sich mehr, wenn er sich vielleicht anders besinnt.«

»Ach, anders besinnt. Er darf sich nicht anders besinnen, und er wird auch nicht, und er will auch nicht. Er wird nu morgen früh bei dir anfragen, und da musst du was Gutes sagen und nich so klein und ängstlich. Und er muss sehn, dass wir nicht auf ihn gewartet haben.«

»Ja, da hast du recht; aber was soll ich sagen? Du musst mir was zurechtmachen, was passt.«

»Das geht nicht, Mutter. Dann verschnappst du dich und sagst es an der unrechten Stelle.«

»Ja, das is möglich. Na, denn werd ich bloß sagen: ›Gott sei mit dir.‹«

»Ja, das ist gut. Aber du darfst ihn nich gleich ›du‹ nennen. ›Du‹ kommt erst, wenn es dringestanden hat und wir richtige Verlobung gefeiert haben. Ich denke so Heiligabend. Unterm Christbaum, das hab ich mir immer gewünscht. Das hat dann so seinen Schick und auch so 'n bisschen wie kirchliche Handlung. Und is schon so 'n Vorschmack. Das heißt, ich meine von der Trauung. Denn bei dir muss man sich immer vorsichtig ausdrücken. Du denkst gleich ...«

[...]

Der 24. kam und ging, die Verlobung war proklamiert worden, und die sechs Menschen, aus denen die ganze Gesellschaft bestand, waren ausnahmelos sehr vergnügt gewesen. Eine halbe Stunde lang sogar Schulze, der auf Thildens Aufforderung in einer gewissen Paschalaune, sein Volk beglückend, in der kleinen Möhring'schen Wohnung erschienen war, zurückhaltend in Bezug auf alles, was an Speis und Trank aufgetragen war, aber desto intimer mit Rybinskis Braut. Rybinski selbst lachte, versicherte dann und wann, dass er sich mit dem Rechnungsrat über das Schnupftuch schießen müsse, weil ihm ein solcher Eingriff in geheiligte Rechte noch gar nicht vorgekommen sei, und versprach schließlich, beim Rat und der Rätin seine Visite zu machen, spätestens zu Neujahr, aber ohne Braut. Den Toast »Man kann doch nicht wissen, wie sich die Rätin stellt«, flüsterte er seinem neuen Freund Schulzen zu. Und Schulze zwinkerte.

Den Toast auf das Brautpaar brachte der Vetter Architekt aus. Man werde nicht überrascht sein, wenn er seinerseits, als ein Mann des Baus, auch die Ehe, als deren Vorkammer die Verlobung anzusehen sei, wenn er auch die Ehe als einen Bau ansehe. »Das Fundament, meine Herrschaften, ist die Liebe; dass wir diese hier haben, ist erwiesen, und der Mörtel, der bis in alle Ewigkeit den Bau zusammenhält, das ist die Treue.«

Die Waise Grete Minde

Fontanes Novelle »Grete Minde« (1879) handelt von einer jungen Frau, die bereits in jungen Jahren ihre Mutter verliert. Nachdem auch ihr Vater Jakob Minde kurz nach ihrer Konfirmation stirbt, bleibt ihr nur noch ihr habsüchtiger Bruder Gerdt, der gemeinsam mit seiner Frau Trud die Waise aufnimmt. Leider hegen beide einen bitteren Groll gegen Grete, die schließlich zur Hausmagd degradiert wird. Glücklicherweise findet sie in dem Nachbarjungen Valtin Zernitz Trost und Geborgenheit, denn aus ihrer anfänglich kindlichen Freundschaft entwickelt sich eine junge Liebe.

»Es kommen andere Tage«, sagte Valtin. »Und wir wollen aushalten. Und wenn sie *nicht* kommen, eins musst du wissen, Gret, ich tu alles, was du willst. Sage, dass ich hier hinunterspringe, so spring ich, und sage, dass du fort willst, so will ich auch fort. Und wenn es in den Tod ging! Ich kann nicht leben ohne dich. Und ich will auch nicht.«

Grete war aufgesprungen und sagte: »*Das* hab ich hören wollen. Das, das! Und nun kann ich wieder leben, weil ich dies Elend nicht mehr endlos seh. Ich weiß nun, dass ich's ändern kann, jeden Tag und jede Stunde. Sieh mich nicht so an. Erschrick nicht. Ich bin nicht so wild und unbändig, wie du denkst. Nein, ich will still und ruhig sein. Und wir wollen aushalten, wie du sagst, und wollen hoffen und harren, bis wir groß sind und unser Erbe haben. Denn wir haben doch eins, nicht wahr? Und haben wir *das*, Valtin, so haben wir uns, und dann haben wir die ganze Welt. Und dann sind wir glücklich. Ach, wie mir so leicht ums Herz geworden. Und nun komm und lass uns gehn. Die Sonn ist unter, und die letzten Herden sind eben herein.«

Er war es zufrieden, und sie wandten sich und gingen heimwärts, erst unter dem Nussbaum hin und dann über die kleine Zugbrücke fort, die von dem inneren Burghof in den Außenhof führte. In dem Sumpfwasser unter ihnen stand das Rohr und wuchs hoch hinauf bis an das Brückengebälk. Ein paar blaue Dolden, blattlos und auf langen Stielen, blühten einsam dazwischen. Und nun waren sie wieder jenseits und sahen, dass alle Arbeit in Hof und Tenne schwieg. Die Mädchen, die beim Flachsbrechen gewesen waren, hatten sich mit den Knechten auf Bretter und Balken gesetzt, die hoch aufgeschichtet an einem Holunderzaune lagen, und sangen allerlei Lieder, Lustiges und Schelmisches, und neckten sich untereinander. Als sie aber des jungen Paares ansichtig wurden, brachen sie plötzlich ab und nahmen wie von selber die Weise wieder auf, die sie, eine Stunde vorher, bei beider Kommen gesungen hatten:

»›Ach Tochter, herzliebste Tochter,
Allein sollst du nicht gehn,
Weck auf deine jüngste Schwester
Und lass sie mit dir gehn.‹

›Ach Mutter, herzliebste Mutter,
Meine Schwester ist noch ein Kind,
Sie pflückt ja all die Blumen,
Die auf grüner Heide sind.‹«

Valtin und Grete waren rascher zugeschritten, und die letzten Worte des Liedes verklangen ihnen unklar und halbgehört. Aber die Weise traf noch ihr Ohr, als sie das Burgtor schon lang im Rücken hatten.

Zu Weihnachten

»Ich kann nun wieder leben«, hatte Grete gesagt, und wirklich, das Leben wurd ihr leichter seitdem. Ein beinah freudiger Trotz, dem sie sich, auch wenn sie gehorchte, hingeben konnte, half ihr über alle Kränkungen hinweg. Sie gehorchte ja nur noch, weil sie gehorchen wollte. Wollte sie nicht mehr, so konnte sie, wie sie zu Valtin gesagt hatte, jeden Tag »dem Spiel ein Ende machen.« Und wirklich, ein Spiel war es nur noch, oder sie wusst es doch in diesem Lichte zu sehen. Das gab ihr eine wunderbare Kraft, und wenn sie dann spätabends in ihre Giebelstube hinaufstieg, die sie, seit das Kind unten aus der ersten Pflege war, wieder mit Reginen bewohnte, so gelang es ihr, mit dieser zu lachen und zu scherzen. Und wenn es dann hieß, »aber nun schlafe, Gret«, dann wickelte sie sich freilich in ihre Decken und schwieg, aber nur, um sich in wachen Träumen eine Welt der Freiheit und des Glückes aufzubauen. Dabei sah sie sich am liebsten am Bug oder Steuer eines Schiffes stehen, und der Seewind ging, und es war Nachtzeit, und die Sterne funkelten. Und sie sah dann hinauf, und alles war groß und weit und frei. Und zuletzt überkam es sie wie Frieden inmitten aller Sehnsucht, ihr Trotz wurde Demut, und an Stelle des bösen Engels, der ihren Tag beherrscht hatte, saß nun ihr guter Engel an ihrem Bett. Und wenn sie dann andren Tags erwachte und hinuntersah auf den Garten und den Pfau auf seiner Stange kreischen hörte, dann fragte sie sich: »Bist du noch du selbst? Bist du noch unglücklich?« Und mitunter wusste sie's kaum. Aber freilich, auch andere Tage kamen, wo sie's wusste, nur allzu gut, und wo weder ihr guter noch ihr böser Engel, weder ihre Demut noch ihr Trotz sie vor einem immer bitterer und leidenschaftlicher aufgärenden Groll zu schützen wusste.

Ein solcher Tag, und der bittersten einer, war der Weihnachtstag, an dem auch diesmal ein Christbaum angezündet wurde. Aber nicht für Grete. Grete war ja groß, nein, nur für das Kleine, das denn auch nach den Lichtern haschte und vor allem nach dem Goldschaum, der reichlich in den Zweigen glitzerte. »'s ist Gerdts Kind«, sagte Grete, der ihres Bruders Geiz und Habsucht immer ein Abscheu war; und sie wandte sich ihren eigenen Geschenken zu. Es waren ihrer nicht allzu viele: Lebkuchen und Äpfel und Nüsse, samt einem dicken Spangengesangbuch (trotzdem sie schon zwei dergleichen hatte), auf dessen Titelblatt in großen Buchstaben und von Truds eigener Hand geschrieben war: Sprüche Salomonis, Kap. 16, Vers 18.

Sie kannte den Vers nicht, wusste aber, dass er ihr nichts Gutes bedeuten könne, und sobald sich's gab, war sie treppauf, um in der großen Bibel nachzuschlagen. Und nun las sie: »Wer zugrunde gehen soll, der wird stolz, und stolzer Mut kommt vor dem Fall.«

Es schien nicht, dass sie verwirrt oder irgendwie betroffen war, sie strich nur, schnell entschlossen, die von Trud eingeschriebene Zeile mit einer dicken Feder durch, blätterte hastig in dem Alten Testament weiter, als ob sie nach einer bekannten, aber ihrem Gedächtnis wieder halb entfallenen Stelle suche, und schrieb dann ihrerseits die Prophetenstelle darunter, die des alten Jakob Minde letzte Mahnung an Trud enthalten hatte: »Lasse die Waisen Gnade bei dir finden.« Und nun flog sie wieder treppab und legte das Buch an seinen alten Platz. Trud aber hatte wohl bemerkt, was um sie hervorgegangen, und als sie mit Gerdt allein im Zimmer war, sah sie nach und sagte, während sie sich verfärbte: »Sieh und lies!« Und er nahm nun selber das Buch und las und lachte vor sich hin, wie wenn er sich ihrer Niederlage freue.

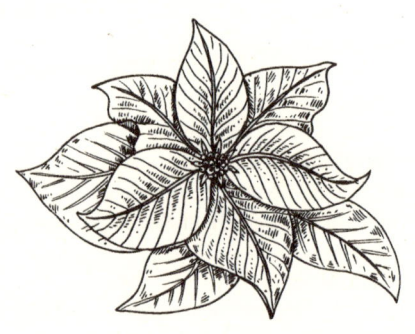

Am Heiligen Abend

1839

Fröhlich zog ich meine Straße,
Sang ein liebes, altes Lied,
Das in meiner Brust erklungen,
Eh die Liebe von mir schied.

Plötzlich tönen Kirchenglocken
Aus der Ferne zu mir her,
Meine frohen Lieder stocken,
Und das Singen geht nicht mehr.

Kündet doch des Turms Geläute,
Dass ein Feiertag beginnt,
Dass der Heilge Abend heute,
Und die Ostern morgen sind.

Staunt ihr, dass bei solcher Kunde
Meine Freude mich verlässt?!
Ach, mein Herz, das ich begraben,
Feiert nicht sein Osterfest!

Des armen Mannes Weihnachtsbaum

Ab 1851 arbeitete Fontane 19 Jahre lang für die Neue Preußi-
sche Zeitung (Kreuzzeitung), was er nutzte, um zahlreiche
Briefe und Erzählungen zu veröffentlichen. Eine davon ist
»Des armen Mannes Weihnachtsbaum«, die am 31. Dezem-
ber 1857 in der 305. Ausgabe der Neuen Preußischen Zeitung
erschien.

London, 24. Dezember

Ich sah heute in den Straßen Londons einen prächtigen
Ginsterbusch, nicht als kriegerisches Wahrzeichen wie
vordem, sondern als friedlichen Weihnachtsbaum, als
schlichteren Ersatz für die schlichte Tanne. Es war in Tot-
tenham-Court-Road, und es begann schon zu dunkeln.
Groß und Klein eilte nach Haus, um zu rechter Stunde an
rechter Stelle zu sein; alles war Leben, Bewegung, Freude.
Unter denen, die ihrer Wohnung zuschritten, war auch ein
Arbeiter, ein Mann in der Mitte der Dreißiger, blass, rußig,
ermüdet. Neben ihm ging sein ältestes Kind, ein Knabe
von sechs bis sieben Jahren; er schleppte sich mühsam weiter. Das jüngste Kind war auf der linken Schulter des Vaters
eingeschlafen, während er auf der rechten einen mächtigen
Ginsterbusch als Weihnachtsbaum nach Hause trug. Der
Ginsterbusch b l ü h t e . Man sieht viel Elend in den Straßen
Londons, aber selten eines, in dessen Öde sich zartere Züge
mischen, und so blieb ich stehen und sah dem müd und
matten Zuge nach. Es war ersichtlich, die Mutter war tot,
und dem Vater war die Aufgabe zugefallen, den beiden
Kindern ihr Christfest zu bereiten. So war er denn hinaus-

gegangen nach Hampstead-Heath, um auf der weiten winterlichen Heide den Weihnachtsbaum zu finden, den er zu arm war, an der nächsten Straßenecke zu kaufen. Die Kinder hatten ihn begleiten müssen, weil niemand im Hause war, der sich ihrer angenommen hätte. Jetzt kamen sie von ihrem Gange zurück, der Älteste müde, der Jüngste eingeschlafen. Was mochte sie daheim empfangen? Welcher Weihnachtsfreude gingen sie entgegen? Ich malte mir das Zimmer des armen Mannes aus: Der Ginsterbusch stand auf dem Tisch, und ein ärmliches Feuer brannte im Kamin; nichts Festliches sonst umher als das Herz seiner Bewohner. Im Widerschein des Feuers aber sah ich die gelben Ginsterblumen wie Weihnachtslichter leuchten, und ihr Blühen war wie die Verheißung eines Frühlings nach Erdenleid und Winterzeit.

Weihnachten im Hause Innstetten

Effi Briest aus Fontanes berühmtem Gesellschaftsroman, der 1894/95 in zwei Teilen erschien, ist siebzehn Jahre alt, lebensfroh und unbedarft, als sie den mehr als doppelt so alten Baron von Innstetten heiratet. Doch dieser behandelt Effi wie ein Kind und vernachlässigt sie aufgrund seiner häufigen Dienstreisen zunehmend. Sie schließt zwar Freundschaft mit dem Apotheker Gieshübler, der sie verehrt und ihr Halt gibt, doch von Langeweile getrübt stürzt sie sich in eine riskante Liaison mit dem Lebemann Crampas, die zu dem tragischen Ausgang der Erzählung führt. Vor dieser verhängnisvollen Begegnung lässt uns Fontane aber noch an einem Weihnachtsfest im Hause Innstetten teilhaben. Die Vorbereitungen auf das Fest können Effi nicht glücklich stimmen – sie vermisst ihr geliebtes Hohen-Cremmen und ihr früheres Leben. Dennoch lässt sie keine traurigen Gedanken aufkommen, sondern geht ihren Pflichten nach.

Die musikalische Soiree bei Gieshübler hatte Mitte Dezember stattgefunden, gleich danach begannen die Vorbereitungen für Weihnachten, und Effi, die sonst schwer über diese Tage hingekommen wäre, segnete es, dass sie selber einen Hausstand hatte, dessen Ansprüche befriedigt werden mussten. Es galt nachsinnen, fragen, anschaffen, und das alles ließ trübe Gedanken nicht aufkommen. Am Tage vor Heiligabend trafen Geschenke von den Eltern aus Hohen-Cremmen ein, und mit in die Kiste waren allerhand Kleinigkeiten aus dem Kantorhause gepackt: wunderschöne Reinetten von einem Baum, den Effi und Jahnke vor mehreren Jahren gemeinschaftlich okuliert hatten, und dazu braune Puls- und Kniewärmer von Bertha und Hertha. Hulda schrieb nur wenige Zeilen, weil sie, wie sie sich entschuldigte, für x. noch eine Reisedecke zu stricken habe. »Was einfach nicht wahr ist«, sagte Effi. »Ich wette, x. existiert gar nicht. Dass sie nicht davon lassen kann, sich mit Anbetern zu umgeben, die nicht da sind!«

Und so kam Heiligabend heran.

Innstetten selbst baute auf für seine junge Frau, der Baum brannte und ein kleiner Engel schwebte oben in Lüften. Auch eine Krippe war da mit hübschen Transparenten und Inschriften, deren eine sich, in leiser Andeutung, auf ein dem Innstetten'schen Hause für nächstes Jahr bevorstehendes Ereignis bezog. Effi las es und errötete. Dann ging sie auf Innstetten zu, um ihm zu danken, aber eh sie dies konnte, flog, nach altpommerschem Weihnachtsbrauch, ein Julklapp in den Hausflur: eine große Kiste, drin eine Welt von Dingen steckte. Zuletzt fand man die Hauptsache, ein zierliches, mit allerlei japanischen Bildchen überklebtes Morsellenkästchen, dessen eigentlichem Inhalt auch noch ein Zettelchen beigegeben war. Es hieß da:

Drei Könige kamen zum Heiligenchrist,
Mohrenkönig einer gewesen ist; –
Ein Mohrenapothekerlein
Erscheinet heute mit Spezerein,
Doch statt Weihrauch und Myrrhen, die nicht zur Stelle,
Bringt er Pistazien- und Mandel-Morselle.

Effi las es zwei-, dreimal und freute sich darüber. »Die Huldigungen eines guten Menschen haben doch etwas besonders Wohltuendes. Meinst du nicht auch, Geert?«

»Gewiss meine ich das. Es ist eigentlich das Einzige, was einem Freude macht oder wenigstens Freude machen sollte. Denn jeder steckt noch so nebenher in allerhand dummem Zeuge drin. Ich auch. Aber freilich, man ist, wie man ist.«

Der erste Feiertag war Kirchtag, am zweiten war man bei Borckes draußen, alles zugegen, mit Ausnahme von Grasenabbs, die nicht kommen wollten, »weil Sidonie nicht da sei«, was man als Entschuldigung allseitig ziemlich sonderbar fand. Einige tuschelten sogar: »Umgekehrt; gerade deshalb hätten sie kommen sollen.« Am Silvester war Ressourcenball, auf dem Effi nicht fehlen durfte und auch nicht wollte, denn der Ball gab ihr Gelegenheit, endlich einmal die ganze Stadtflora beisammen zu sehen. Johanna hatte mit den Vorbereitungen zum Ballstaate für ihre Gnäd'ge vollauf zu tun, Gieshübler, der, wie alles, so auch ein Treibhaus hatte, schickte Kamelien, und Innstetten, so knapp bemessen die Zeit für ihn war, fuhr am Nachmittage noch über Land nach Papenhagen, wo drei Scheunen abgebrannt waren.

Es war ganz still im Hause. Christel, beschäftigungslos, hatte sich schläfrig eine Fußbank an den Herd gerückt, und Effi zog sich in ihr Schlafzimmer zurück, wo sie sich, zwischen Spiegel und Sofa, an einen kleinen, eigens zu diesem Zweck zurechtgemachten Schreibtisch setzte, um von hier aus an die Mama zu schreiben, der sie für Weihnachtsbrief und Weihnachtsgeschenke bis dahin bloß in einer Karte gedankt, sonst aber seit Wochen keine Nachricht gegeben hatte.

»Kessin, 31. Dezember. Meine liebe Mama! Das wird nun wohl ein langer Schreibebrief werden, denn ich habe – die

Karte rechnet nicht – lange nichts von mir hören lassen. Als ich das letzte Mal schrieb, steckte ich noch in den Weihnachtsvorbereitungen, jetzt liegen die Weihnachtstage schon zurück. Innstetten und mein guter Freund Gieshübler hatten alles aufgeboten, mir den Heiligen Abend so angenehm wie möglich zu machen, aber ich fühlte mich doch ein wenig einsam und bangte mich nach Euch. Überhaupt, so viel Ursache ich habe, zu danken und froh und glücklich zu sein, ich kann ein Gefühl des Alleinseins nicht ganz loswerden, und wenn ich mich früher, vielleicht mehr als nötig, über Huldas ewige Gefühlsträne mokiert habe, so werde ich jetzt dafür bestraft und habe selber mit dieser Träne zu kämpfen. Denn Innstetten darf es nicht sehen. Ich bin aber sicher, dass das alles besser werden wird, wenn unser Hausstand sich mehr belebt, und das wird der Fall sein, meine liebe Mama. Was ich neulich andeutete, das ist nun Gewissheit, und Innstetten bezeugt mir täglich seine Freude darüber. Wie glücklich ich selber im Hinblick darauf bin, brauche ich nicht erst zu versichern, schon weil ich dann Leben und Zerstreuung um mich her haben werde oder, wie Geert sich ausdrückt, ›ein liebes Spielzeug‹. Mit diesem Worte wird er wohl recht haben, aber er sollte es lieber nicht gebrauchen, weil es mir immer einen kleinen Stich gibt und mich daran erinnert, wie jung ich bin, und dass ich noch halb in die Kinderstube gehöre. Diese Vorstellung verlässt mich nicht (Geert meint, es sei krankhaft), und bringt es zuwege, dass das, was mein höchstes Glück sein sollte, doch fast noch mehr eine beständige Verlegenheit für mich ist. Ja, meine liebe Mama, als die guten Flemming'schen Damen sich neulich nach allem Möglichen erkundigten, war mir zumut, als stünd ich schlecht vorbereitet in einem Examen, und ich glaube auch, dass ich recht dumm geantwortet habe. Verdrießlich war ich auch. Denn manches, was wie Teilnahme aussieht, ist doch bloß Neugier und wirkt umso zudringlicher, als ich ja noch lange, bis in den Sommer hinein, auf das frohe Ereignis zu warten habe. Ich denke, die ersten Julitage. Dann musst Du kommen oder noch besser, sobald ich einigermaßen wieder bei Wege bin, komme ich, nehme hier Urlaub und mache mich auf nach Hohen-Cremmen. Ach, wie ich mich darauf freue und auf die havelländische Luft – hier ist es fast immer rau und kalt – und dann jeden Tag eine Fahrt ins Luch, alles rot und gelb, und ich sehe schon, wie das Kind die Hände danach streckt, denn es wird doch wohl fühlen, dass es eigentlich da zu Hause ist. Aber das schreibe ich nur Dir. Innstetten darf nicht davon wissen, und auch Dir gegenüber muss ich mich wie entschuldigen, dass ich mit dem Kinde nach Hohen-Cremmen will und mich heute schon anmelde, statt Dich, meine liebe Mama, dringend und herzlich nach Kessin hin einzuladen, das ja doch jeden Sommer fünfzehnhundert Badegäste hat und Schiffe mit allen möglichen Flaggen und sogar ein Dünenhotel. Aber dass ich so wenig Gastlichkeit zeige, das macht nicht, dass ich ungastlich wäre, so sehr bin ich nicht aus der Art geschlagen, das macht einfach unser landrätliches Haus, das, soviel Hübsches und Apartes es hat, doch eigentlich gar kein richtiges Haus ist, sondern nur eine Wohnung für zwei Menschen, und auch das kaum, denn wir haben nicht einmal ein Esszimmer, was doch genannt ist, wenn ein paar Personen zu Besuch sich einstellen. Wir haben freilich noch Räumlichkeiten im ersten Stock, einen großen Saal und vier kleine Zimmer, aber sie haben alle etwas wenig

Einladendes, und ich würde sie Rumpelkammern nennen, wenn sich etwas Gerümpel darin vorfände; sie sind aber ganz leer, ein paar Binsenstühle abgerechnet, und machen, das Mindeste zu sagen, einen sehr sonderbaren Eindruck. Nun wirst Du wohl meinen, das alles sei ja leicht zu ändern. Aber es ist nicht zu ändern; denn das Haus, das wir bewohnen, ist … ist ein Spukhaus; da ist es heraus. Ich beschwöre Dich übrigens, mir auf diese meine Mitteilung nicht zu antworten, denn ich zeige Innstetten immer Eure Briefe, und er wäre außer sich, wenn er erführe, dass ich Dir das geschrieben. Ich hätte es auch nicht getan, und zwar umso weniger, als ich seit vielen Wochen in Ruhe geblieben bin und aufgehört habe, mich zu ängstigen; aber Johanna sagt mir, es käme immer mal wieder, namentlich wenn wer Neues im Hause erschiene. Und ich kann Dich doch einer solchen Gefahr oder, wenn das zu viel gesagt ist, einer solchen eigentümlichen und unbequemen Störung nicht aussetzen! Mit der Sache selber will ich Dich heute nicht behelligen, jedenfalls nicht ausführlich. Es ist eine Geschichte von einem alten Kapitän, einem sogenannten Chinafahrer, und seiner Enkelin, die mit einem hiesigen jungen Kapitän eine kurze Zeit verlobt war und an ihrem Hochzeitstage plötzlich verschwand. Das möchte hingehn. Aber was wichtiger ist, ein junger Chinese, den ihr Vater aus China mit zurückgebracht hatte und der erst der Diener und dann der Freund des Alten war, der starb kurze Zeit danach und ist an einer einsamen Stelle neben dem Kirchhof begraben worden. Ich bin neulich da vorübergefahren, wandte mich aber rasch ab und sah nach der andern Seite, weil ich glaube, ich hätte ihn sonst auf dem Grabe sitzen sehen. Denn ach, meine liebe Mama, ich habe ihn einmal wirklich gesehen, oder es ist mir wenigstens so vorgekommen, als ich fest schlief und Innstetten auf Besuch beim Fürsten war. Es war schrecklich; ich möchte so was nicht wieder erleben. Und in ein solches Haus, so hübsch es sonst ist (es ist sonderbarerweise gemütlich und unheimlich zugleich), kann ich Dich doch nicht gut einladen. Und Innstetten, trotzdem ich ihm schließlich in vielen Stücken zustimmte, hat sich dabei, so viel möcht ich sagen dürfen, auch nicht ganz richtig benommen. Er verlangte von mir, ich solle das alles als alten Weiberunsinn ansehen und darüber lachen, aber mit einem Mal schien er doch auch wieder selber daran zu glauben, und stellte mir zugleich die sonderbare Zumutung, einen solchen Hausspuk als etwas Vornehmes und Altadliges anzusehen. Das kann ich aber nicht und will es auch nicht. Er ist in diesem Punkte, so gütig er sonst ist, nicht gütig und nachsichtig genug gegen mich. Denn dass es etwas damit ist, das weiß ich von Johanna und weiß es auch von unserer Frau Kruse. Das ist nämlich unsere Kutscherfrau, die mit einem schwarzen Huhn beständig in einer überheizten Stube sitzt. Dies allein schon ist ängstlich genug. Und nun weißt Du, warum ich kommen will, wenn es erst so weit ist. Ach, wäre es nur erst so weit. Es sind so viele Gründe, warum ich es wünsche. Heute Abend haben wir Silvesterball, und Gieshübler – der einzig nette Mensch hier, trotzdem er eine hohe Schulter hat, oder eigentlich schon etwas mehr – Gieshübler hat mir Kamelien geschickt. Ich werde doch vielleicht tanzen. Unser Arzt sagt, es würde mir nichts schaden, im Gegenteil. Und Innstetten, was mich fast überraschte, hat auch eingewilligt. Und nun grüße und küsse Papa und all die andern Lieben. Glückauf zum neuen Jahr. Deine Effi.«

Hubert in Hof

Zur Begrüßung Huberts v. H. am 2. Weihnachtsfeiertag 1887

Hubert der Maler – am Isarstrand
Sitzt er in Bajuwarenland.

Er sitzt und sinnt: »wohl bin ich froh
In der Mönchestadt, in Monaco,
Wohl trink ich hier Weihen-Stephan am Quell,
Und doch mein Aug, es wird trüb und hell,
Mein Aug, es sieht, als wär es im Traum,
Am Lützowplatz einen Weihnachtsbaum.
Es geht nicht länger, ich will nach Haus,
Mir geht hier Laun' und Stimmung aus,
Ich reis auch gleich, ohne lange zu schreiben,
Und wenn fünf Minuten in Hof wir bleiben,
So telegraphier ich nach Berlin-West:
»Komme noch heute, komme zum Fest.
       Hubert in Hof.«

Gesagt, getan. Er nimmt ein Billet.
Ei, das Reisen, es ist doch nett,
Der Wagen ist warm, die Sitze sind breit,
Und draußen, so still. Und wie hübsch es schneit.
»Ich mache mir nichts aus Sturm und Regen,
Aber Schnee, der komme meinetwegen,
Den schüttelt man ab, der macht nicht nass,
Schneewetter, vor allem lieb ich das,
Schnee dämpft selbst des Eilzugs Gestöhn und Gedröhn,
Schnee ist bloß hübsch, Schnee ist bloß schön!«

So Hubert, als er in erster Stund
In Nähe von Freysing sich befund.
Auch in Ingolstadt noch. Aber schon bei Fürth
Die Sache ziemlich bedenklich wird,
Es schneit und schneit, es fällt und fällt,
Ein Schneehaufe wird die ganze Welt,
Bäume, Dächer, Kirchturmspitzen,
Alle schon tief in der Kappe sitzen,
Und als die Maschine, die längst nicht mehr fleucht,
Sich bis nach Hof hin durchgekeucht,
Da sitzen sie fest, der Zug steht still,
Die Wand nicht weiter sich öffnen will,
Und die Schaffner rufen: »Aussteigen; zu Nacht
Wird vorläufig hier Quartier gemacht.«
Entsetzen, Lachen, Fluchen, Gewimmer,
Alles stürzt in das Wartezimmer,
Nur einer kennt eine höhere Pflicht,
Er telegraphiert: »Erwartet mich nicht.
Eingeschneit. Macht Euch keine Sorgen.
Ich sitze hier fest, komm also morgen.
        Hubert in Hof.«

Das klang noch zunächst vergnüglich fast,
Aber die Länge, sie hat die Last,
Ihr alle kennt den Ausspruch ja:
»Früh um acht in Potsdam, was soll ich da?«
Und Potsdam ist immer doch Potsdam noch,
Aber »Hof«, da reißt denn der Faden doch,
Wen kann es trösten, wer kann dran genesen,
Dass Jean Paul in Hof auf der Schule gewesen.

Und der Wartesaal! Himmel, welche Gerüche,
Dunst und Wrasen aus Keller und Küche,
Von Stiefelsohlen die Schneekrustschmelze,
Zigarren aus Östreich, Judenpelze,
Körbe mit Eiern, mit Hering, mit Käse,
Kanonenöfen mit Glutgebläse,
Zwiebel-Beefsteak, bairische Würste,
Gepfeffert, gesalzen, von wegen der Dürste.
Ja Dürste! Riesig wächst der Wunsch
Nach Glühwein, Knickebein, Grog und Punsch,
Salate von Fisch, Majonnaise von Hummer,
Manch vermostrichte Zeitungsnummer,
Vier Wochen alte Kladderadatsche,
Witze, politisches Getratsche,
Harfenistinnen, Geige, Klaviergeklimper,
Courmacher, derb und mit Gezimper,
Und allviertelstündlich ein neuer Rapport:
»Es schneit und schneit noch immer fort.«
So sitzen sie fest und spielen Skat,
Und nach Haus hin sehnt sich, früh und spat,
      Hubert in Hof.

Doch, Gott sei Dank, 's steht irgendwo,
(Confuz oder König Salomo)
»Ein jedes Ding hat seine Zeit«,
Und so hat's denn auch endlich ausgeschneit.
»Einsteigen«, erklingt das süße Wort,
Und wieder norderwärts geht es fort
Lokomotive, tapfrer Held,
Schlägt sich durch bis Bitterfeld,

In Wittenberg, wie Sirenengesang,
»Apfelkuchen« klingt es den Bahnsteig entlang.
Aber Wachs ins Ohr, nur nicht kosten wolln,
Es ruft ja der bessre Weihnachtsstolln –
Er ruft ... Und treppauf mit einem Satz
Ist Hubert jetzt heim am Lützowplatz,
      Hubert in Hof.

Feuer und Schnee

Die Novelle »Ellernklipp« wurde erstmals 1881 veröffentlicht und spielt kurz nach dem Siebenjährigen Krieg. Der angesehene Forstaufseher Baltzer Bocholt lebt allein mit seinem Sohn Martin im Dorf Emmerode und nimmt das Waisenmädchen Hilde bei sich auf. Von nun an hat sie ein neues Zuhause und Martin an ihrer Seite, der Hilde ebenso gernhat wie sie ihn. Gemeinsam mit dem Knecht Joost und der Hausvorsteherin Grissel erleben sie die Freuden des Heiligen Abends. Sie essen Weihnachtskarpfen und erzählen sich die Geschichte von der Geburt Jesu, während draußen der Winter in wunderbarer Schneepracht glänzt.

Hilde lebte sich ein, und es waren glückliche, helle Tage, so hell wie der Schnee, der draußen lag. Alle Morgen musste Martin in die Schule, zweimal auch zu Sörgel, aber wenn er dann eine Stunde vor Essen wiederkam und seine Mappe mit der Schiefertafel in das Brotschapp gestellt hatte, so ging es mit der ihn schon erwartenden Hilde rasch in die Winterfreude hinaus, die jeden Tag eine andere wurde. Die größte aber war, als sie sich auf dem Hofe eine Schneehütte gebaut und die Höhle darin mit Stroh und Heu ausgepolstert hatten. Da saßen sie halbe Stunden lang, sprachen kein Wort und hielten sich nur bei den Händen. Und Martin sagte, sie seien verzaubert und säßen in ihrem Schloss, und der Riese draußen ließe niemand ein. Dieser Riese aber war ein Schneemann, dem Joost eine Perücke von Hobelspänen aufgesetzt und anfänglich ein Schwert in die Hand gegeben hatte, bis einige Tage später aus dem Schwert ein Besen und mit Hilfe dieses Tausches aus dem

Riesen selbst ein Knecht Ruprecht geworden war. Das war um die Mitte Dezember. Als aber bald danach die letzte Woche vor dem Fest anbrach, da fingen auch die Heimlichkeiten an, und Martin war stundenlang fort, ohne dass Hilde gewusst hätte, wo. Und wenn sie dann fragte, so hörte sie nur, er sei bei Sörgel oder bei Melcher Harms oder bei dem alten Drechsler Eickmeier, der in der Weihnachtszeit außer seinen Pfeifen und seinem Schwamm auch noch Bilderbogen verkaufte. Mehr aber konnte niemand sagen, und erst am Heiligabende selbst musste der Geheimnisvolltuende von seinem Geheimnis lassen, um sich ebenso der Zustimmung des Vaters wie der Hilfe Grissels zu versichern. Und diese letztere half denn auch wirklich und freute sich, dass es etwas Schönes werden würde, worüber ihr keinen Augenblick ein Zweifel kam. Und als es nun dunkelte und drüben von der Kirche her die kleine Glocke zu läuten anfing, da war alles fertig, und der Heidereiter selbst führte Hilden in seine Stube, drin unter dem Christbaum neben anderen Geschenken auch die ganze Stadt Betlehem mit all ihren Hirten und Engeln aufgebaut worden war. Alles leuchtete hell, weil hinter dem geölten Papier eine ganze Zahl kleiner Lichter brannte; am hellsten aber leuchtete der Stern, der über dem Kripplein und dem Jesuskinde stand. Hilde konnte sich nicht satt sehen daran, und als endlich der Lichterglanz in der Stadt Betlehem erloschen war, trat sie vor den Heidereiter hin, um ihm für alles, was ihr der Heilige Christ bescher hatte, zu danken.

»Und nun sage mir«, sagte dieser, »was hat dir am besten gefallen?«

Sie wies auf die Stadt.

»Dacht ich's doch!«, lachte Baltzer Bocholt, »die Stadt! Aber die Stadt ist nicht von mir, Hilde, die hat dir der Martin aufgebaut und hat seine Sparbüchse geplündert. Und der alte Melcher Harms hat ihm geholfen, und alles, was in Holz geschnitzt ist und auf vier Beinen steht, das ist von ihm. Ja, das versteht er. Aber der Martin hat doch das Beste getan, und wenn du wem danken willst, so weißt du jetzt, wohin damit.«

Und dabei wies er auf Martin, der scheu neben dem Ofen stand.

Hilden selbst aber war alle Scheu geschwunden, und sie lief auf Martin zu und gab ihm einen herzhaften Kuss, so herzhaft, dass der alte Heidereiter ins Lachen kam und immer wiederholte: »Das ist recht, Hilde, das ist recht. Ihr sollt euch liebhaben, so recht von Herzen, und wie Bruder und Schwester. Ja, so will ich's, das hab ich gern.«

Und danach ging es zu Tisch, und alle ließen sich den Weihnachtskarpfen schmecken und waren guter Dinge, nur Hilde nicht, die noch immer in fieberhafter Erregung nach dem dunkel gewordenen Betlehem hinübersah und endlich froh war, als sie gute Nacht sagen und in die Giebelstube hinaufsteigen konnte. Hier stellte sie, was ihr unten beschert worden war, auf das oberste Brett ihres Schrankes und sagte zu Grissel, während sie den Binsenstuhl an das Bett derselben heranrückte: »Nun erzähle.«

»Wovon, Kind?«

»Von der Jungfrau Maria.«

»Und von dem Jesuskindlein?«

»Ja. Von dem Kindlein auch. Aber am liebsten von der Jungfrau Maria. War es seine Mutter?«

»Ach, du Herr des Himmels!«, entsetzte sich Grissel.

»Hast du denn nie gelernt; ›Geboren von der Jungfrau Maria‹? Kind, Kind! Ach, und deine Mutter, die Muthe, hat sie dir denn nie das zweite Stück vorgesagt? Wie? Sage!«

»Sie hat mir immer nur ein Lied vorgesagt.«

»Und wovon?«

»Von einem jungen Grafen.«

»Und nichts von Gott und Christus? Und weißt auch nicht, was Weihnachten ist? Und bist am Ende gar nicht getauft? Und da lässt der Pastor dich umherlaufen, sagt nichts und fragt nichts, und der Böse geht um, und ist keiner, der ihm widerstände, der nicht den Glauben hat an Jesum Christum, unseren Herrn und Heiland. Ach, du mein armes Heidenkind! … Aber nimm dir ein Tuch und wickele dich ein, denn es ist kalt, und dann höre zu, was ich dir sagen will.«

Und Grissel erzählte nun von Josef und Maria und von Betlehem, und wie das Christkind allda geboren sei.

»Von der Jungfrau Maria?«

»Ja, von *der*. Denn das Kind, das sie gebar, das war nicht des Josefs Kind, das war das Kind des Heiligen Geistes.«

Es war ersichtlich, dass Hilde nicht verstand und verlegen war. Aber sie wollte nicht weiter fragen und sagte nur: »Und wie kam es dann?«

»Ei, dann kam es so, wie du's heute gesehen hast und wie Martin und Joost es dir aufgebaut haben. Und meinetwegen auch der alte Melcher. Erst kam der Stern und stand über dem Hause still, und dann erschienen die Hirten, und zuletzt kamen die drei Könige von Morgenland und brachten Gold und Gaben und köstliche Gewänder, und alles war Licht und himmlische Musik, und der Himmel war offen, und die Engel Gottes stiegen auf und nieder. Und es war

Freud im Himmel und auf Erden, denn unser Heiland war geboren. Und dieser Geburtstag unseres Heilandes ist unser Weihnachtstag.«

Hildes Augen waren immer größer geworden, und sie sagte jetzt: »Ah, das ist schön und wird einem so weit! Erzähle mir immer mehr. Ich seh es alles und höre die himmlische Musik, und dazwischen ist es wie Glockenläuten. Ernst und schwer. Und ist immer derselbe Ton …«

Indem aber hatte sich Grissel aufgerichtet, hielt ihre Hand ans Ohr und sagte: »Hilde, Kind, was ist das? … Immer *ein* Ton, freilich. Und immer derselbe … Das ist die Feuerglocke … Horch!«

Und sie war aus dem Bett gesprungen, warf ihren Friesrock über und sah hinaus. Aber im Dorfe war kein Feuerschein, und so lief sie nach der anderen Giebelstube hinüber, wo Martin schlief, und riss das Fenster auf. Und da sah sie die Glut, nicht unten im Tal, aber oben, und wenn nicht alles täuschte, so musst es auf Kunerts-Kamp sein, hart am Walde, denn die Rückseite von Ellernklipp stand angeglüht im Widerschein. Und sie flog treppab, um den Heidereiter zu wecken. Aber der stand schon auf der Diele, den Hirschfänger an der Koppel, und rief ihr zu: »Meinen Hut; rasch! Verdammte Wirtschaft! Wer hat den Hut vom Ständer genommen?«– »Er hängt ja; weiß Gott, Baltzer, Ihr habt wieder Euren Koller und kein Aug im Kopf. Hier.« Und er riss ihr den Hut aus der Hand. In der Tür aber wandt er sich noch einmal zurück und sagte scharf und bestimmt: »Und dass du mir das Haus hütest, Grissel. Ich befehl es. Ein Feuer wie das ist kein Küchenfeuer. Und Hilde soll ins Bett. Und Martin auch.«

Damit war er die Treppenstufen hinunter und ging auf

Diegels Mühle zu, von der er dann, als auf dem nächsten Wege, nach Ellernklipp hinaufwollte.

Mittlerweile war auch Hilde die Treppe herabgekommen und stellte sich mit auf die zugige Diele, denn Vor- und Hintertür standen weit offen. Und nicht lange, so rollte von Emmerode her über den hartgetretenen Schnee die Dorfspritze heran. Allerhand junges Volk hatte sich vorgespannt, andere schoben, und Grissel, die bis auf die Vortreppe hinausgetreten war, fragte: wo es sei.

»Auf Kunerts-Kamp. Der Muthe Rochussen ihr Haus brennt.«

Und damit ging es weiter. Aber ehe noch die Spritze zwischen den Erlen verschwunden war, erklärte Hilde, die jedes Wort gehört hatte, dass sie gehen und das Feuer sehen wolle.

»Du darfst nicht.«

Aber sie bat weiter, und als Grissel unerbittlich blieb, sagte sie: »Gut, so geh ich allein. Du wirst mich doch nicht halten wollen?« Und damit lief sie fort und kam erst zurück und beruhigte sich erst wieder, als ihr die bang und ängstlich nachstürzende Grissel ein Mal über das andere zugesichert hatte, sie nicht einsperren oder mit Gewalt festhalten, ihr vielmehr in allem zu Willen sein zu wollen. Und wirklich, sie hielt Wort; und als sie die vor Erregung immer noch zitternde Hilde wohl verwahrt und in ihre Weihnachtspelzkappe gesteckt hatte, gingen sie, rechts um das Haus biegend, einen mit lockerem Schnee gefüllten Graben hinauf, der unmittelbar neben dem Heckenzaun hin auf die Höhe zulief. Eine Zeit lang war es ihnen, als ob oben alles erloschen sei, denn sie sahen keinen Schein mehr. Aber kaum dass der anfänglich tiefe Graben etwas flacher geworden war, so lag auch das Feuer vor ihnen, wie mit Händen zu greifen, und die Glutmasse wirbelte immer heftiger in die Höhe. Hilde stand wie gebannt. Endlich aber sagte sie: »Komm, wir wollen näher.«

Und damit hielten sie sich auf einen hohen Grenzstein zu, der zwischen Kunerts-Kamp und den Sieben-Morgen lag und das verschneite Heidekraut weit überragte. Auf den stellten sie sich und sahen hinüber in die Flamme.

Die Spritze war schon da, trotzdem man sie stückweise hatte herauftragen müssen, aber Wasser fehlte. Denn der Ziehbrunnen, der zu dem Hause gehörte, lag schon im Bereiche des Feuers, und niemand konnte mehr heran. Es schien aber doch, als ob Wasser von irgendwoher erwartet werde, denn eine lange Kette hatte sich bis Ellernklipp hin aufgestellt, und nur der Heidereiter achtete weit mehr auf das, was an der entgegengesetzten Seite vorging, weil er vor allem seinen Wald zu retten wünschte. Der lag freilich noch gute hundert Schritte zurück, aber gerade da, wo die Muthe gewohnt hatte, schob er eine lange Spitze vor, deren vorderstes Gezweig bereits bis über die Gartenzäunung hing. Es war klar, dass der Wald in äußerster Gefahr schwebte, wenn es nicht gelang, einen breiten Zwischenraum zu schaffen, und Baltzer Bocholt, der wohl erkannte, dass er um des Ganzen willen einen Einsatz nicht scheuen dürfe, wies jetzt, als er seine Holzschläger und Spindelsteller um sich versammelt sah, auf die Stelle hin, wo seiner Meinung nach der Schnitt gemacht und die vorspringende Spitze von dem eigentlichen Gebreite des Waldes abgetrennt werden musste. »Vorwärts!« Und nicht lange, so hörte man den Schlag der Axt und das Krachen und Stürzen der Bäume, die, wenn kaum erst halb angeschlagen, an langen Stricken niedergerissen wurden. Und eine kleine Weile noch, so gab es auch Wasser oder doch die Gelegenheit dazu, denn aus dem Tale herauf, von Diegels Mühle her, erschien eben jetzt eine Schlittenschleife, die mit Schaufeln und Spaten, mit Eimern und Kesseln und überhaupt mit allem bepackt worden war, dessen man unten in der Eile hatte habhaft werden können; und während einige der Leute sofort sich anschickten, mit Stangen und Feuerhaken ein paar brennende Balken aus der Feuermasse herauszureißen, schleppten andere die Kessel, große und kleine, vom Schlitten her in die Glut und schippten den umherliegenden Schnee hinein. Und wieder andere waren, die hockten um die Kessel her und trugen den Schnee, wenn er geschmolzen, in Butten und Eimern an die nebenstehende Spritze, deren erster Strahl eben jetzt in die Glutmasse niederfiel. Aber der Heidereiter, unschwer erkennend, dass an der Muthe Haus wenig gelegen und noch weniger zu retten war, schrie mit lauter Stimme dazwischen: »Unsinn! Hierher!« Und gehorsam seinem Kommando, packten alle, die zur Hand waren, nach der Spritzendeichsel und jagten über die verschneiten Baumstubben fort, bis sie dicht an der Waldecke hielten, an eben jener bedrohtesten Stelle, wo der angeglühte Schnee bereits von den Zweigen zu tropfen anfing.

Und Hilde starrte wie benommen in das mit jedem Augenblicke sich neugestaltende Bild, das, alles sonstigen Wechsels ungeachtet, in drei fest und unverändert bleibenden Farbenstufen vor ihr lag: am weitesten zurück die schwarze Schattenmasse des Waldes, *vor* dem Walde das Feuer und *vor* dem Feuer der Schnee.

Über dem Ganzen aber der Sternenhimmel.

Und sie sah hinauf, und die Engel stiegen auf und nieder. Und es war wieder ein Singen und Klingen, und die Wirklichkeit der Dinge schwand ihr hin in Bild und Traum.

Und so stand sie noch, als sie drüben ein Rufen und Schreien hörte, vor dem ihr Traum zerrann, und als sie wieder hinblickte, sah sie, dass das brennende Haus in ein Wanken und Schwanken kam und im nächsten Augenblicke jäh zusammenstürzte.

Die Funken flogen himmelan und verloren sich in den Sternen.

Eine Minute lang folgte sie noch wie geblendet dem Schauspiel, während sie zugleich das in die Höhe gerichtete Auge mit ihrer Hand zu schützen suchte. Dann aber ließ sie die Hand wieder fallen und sagte: »Komm, Grissel, mich friert. Und es ist nun alles vorbei.«

Heiligabend

Sie sieht nun tausend Lichter;
Der Engel Angesichter
Ihr treu zu Diensten stehn;
Sie schwingt die Siegesfahne
Auf güldnem Himmelsplane
Und kann auf Sternen gehn.

Weihnachtsausflug nach Stechlin

Fontanes letzter Roman »Der Stechlin« erschien im Oktober 1898 – in jenem Herbst, in dem er verstarb. Auch in seinem berühmten Alterswerk beschreibt Fontane die Schwächen seiner Zeit und offenbart die gesellschaftliche Wirklichkeit der Wende vom 19. in das 20. Jahrhundert. Der Gardeoffizier Woldemar, Sohn des alten Majors Dubslav von Stechlin, und Armgard, die Tochter des Grafen Barby, haben sich frisch verlobt und nutzen die Weihnachtszeit, um ihre Verlobung gebührend zu feiern. Um den Bund offiziell zu machen, entscheiden sie sich, gemeinsam mit Armgards Schwester Melusine am zweiten Weihnachtsfeiertag einen Ausflug nach Stechlin zu machen, um dem alten Major seine zukünftige Schwiegertochter vorzustellen.

Den Weihnachtsabend verbrachte Woldemar am Kronprinzenufer. Auch Wrschowitz und Cujacius – von denen jener natürlich unverheiratet, dieser wegen beständiger Streiterei von seiner Frau geschieden war – waren zugegen. Cujacius hatte gebeten, ein Krippentransparent malen zu dürfen, was denn auch, als es erschien, auf einen Nebentisch gestellt und allseitig bewundert wurde. Die drei Könige waren Porträts: der alte Graf, Cujacius selbst und Wrschowitz (als Mohrenkönig); letzterer, trotz Wollhaar und aufgeworfener Lippe, von frappanter Ähnlichkeit. Auch in der Maria suchte man nach Anlehnungen und fand sie zuletzt; es war Lizzi, die, wie so viele Berliner Kammerjungfern, einen sittig verschämten Ausdruck hatte. Nach dem Tee wurde musiziert, und Wrschowitz spielte – weil er dem alten Grafen eine Aufmerksamkeit zu erweisen wünschte – die Polonaise von Oginski, bei deren erster, nunmehr um siebzig Jahre zurückliegenden Aufführung, einem alten Ondit zufolge, der polnisch gräfliche Komponist im Schlussmomente sich erschossen haben sollte. Natürlich aus Liebe. »Brav, brav«, sagte der alte Graf und war, während er sich beinah überschwänglich bedankte, so sehr aus dem Häuschen, dass Wrschowitz schließlich schelmisch bemerkte: »Den Piffpaffschluss muss ich mir versagen, Herr Graff, trotzdem meine Vererrung« (Blick auf Armgard) »serr groß ist, fast so groß wie die Vererrung des Herrn Graffen vor Graff Oginski.«

So verlief der Heiligabend.

Schon vorher war man übereingekommen, am zweiten Feiertage zu dritt einen Ausflug nach Stechlin zu machen, um dort die künftige Schwiegertochter dem Schwiegervater vorzustellen. Noch am Christabend selbst, trotzdem Mitternacht schon vorüber, schrieb denn auch Woldemar einige Zeilen nach Stechlin hin, in denen er sich samt Braut und Schwägerin für den zweiten Feiertagabend anmeldete.

Rechtzeitig trafen Woldemars Zeilen in Stechlin ein. »Lieber Papa. Wir haben vor, am zweiten Feiertage mit dem Spätnachmittagszuge von hier aufzubrechen. Wir sind dann um sieben auf dem Granseer Bahnhof und um neun oder nicht viel später bei Dir. Armgard ist glücklich, Dich endlich kennenzulernen, *den* kennenzulernen, den sie seit lange verehrt. Dafür, mein lieber Papa, hab ich Sorge getragen. Graf Barby, der nicht gut bei Wege ist, was ihn hindert mitzukommen, will Dir angelegentlich empfohlen sein. Desgleichen Gräfin Ghiberti, die uns als Dame d'honneur begleiten wird. Armgard ist in Furcht und Aufregung wie vor einem Examen. Sehr ohne Not. Kenn ich doch meinen

Papa, der die Güte und Liebe selbst ist. Wie immer Dein Woldemar.«

Engelke stand neben seines Herrn Stuhl, als dieser die Zeilen halblaut, aber doch in aller Deutlichkeit vorlas. »Nun, Engelke, was sagst du dazu?«

»Ja, gnäd'ger Herr, was soll ich dazu sagen. Es is ja doch, was man so 'ne ›gute Nachricht‹ nennt.«

»Natürlich is es 'ne gute Nachricht. Aber hast du noch nicht erlebt, dass einen gute Nachrichten auch genieren können?«

»Jott, gnäd'ger Herr, ich kriege keine.«

»Na, denn sei froh; dann weißt du nicht, was ›gemischte Gefühle‹ sind. Sieh, ich habe jetzt gemischte Gefühle. Da kommt nun mein Woldemar. Das is gut. Und da bringt er seine Braut mit, das is wieder gut. Und da bringt er seine Schwägerin mit, und das is wahrscheinlich auch gut. Aber die Schwägerin ist eine Gräfin mit einem italienischen Namen, und die Braut heißt Armgard, was doch auch schon sonderbar ist. Und beide sind in England geboren, und ihre Mutter war aus der Schweiz, von einer Stelle her, von der man nicht recht weiß, wozu sie gehört, weil da alles schon durcheinandergeht. Und überall haben sie Besitzungen, und Stechlin ist doch bloß 'ne Kate. Sieh, Engelke, das is genierlich und gibt das, was ich ›gemischte Gefühle‹ nenne.«

»Nu ja, nu ja.«

»Und dann müssen wir doch auch repräsentieren. Ich muss ihnen doch irgendeinen Menschen vorsetzen. Ja, wen soll ich ihnen vorsetzen? Viel is hier nich. Da hab ich Adelheiden. Natürlich, die muss ich einladen, und sie wird auch kommen, trotzdem Schnee gefallen ist; aber sie kann ja 'nen Schlitten nehmen. Vielleicht ist ihr Schlitten besser als ihr Wagen. Gott, wenn ich an das Verdeck denke mit der großen Lederflicke, da wird mir auch nicht besser. Und dabei denkt sie, ›sie is was‹, was am Ende auch wieder gut is, denn wenn der Mensch erst denkt, ›es is gar nichts mit ihm‹, dann is es auch nichts.«

»Und dann, gnäd'ger Herr, sie is ja doch 'ne Domina und hat 'nen Rang. Und ich hab auch mal gelesen, sie sei eigentlich mehr als ein Major.«

»Na, jedenfalls ist sie mehr als ihr Bruder; so 'n vergessener Major is ein Jammer. Aber Adelheid selbst, so auf 'n ersten Anhieb, is auch bloß soso. Wir müssen jedenfalls noch wen dazu haben. Schlage was vor. Baron Beetz und der alte Zühlen, die die besten sind, die wohnen zu weit ab, und ich weiß nicht, seit wir die Eisenbahnen haben, laufen die Pferde schlechter. Oder es kommt einem auch bloß so vor. Also die guten Nummern fallen aus. Und da sind wir denn wieder bei Gundermann.«

»Ach, gnäd'ger Herr, den nich. Un er soll ja auch so zweideutig sein. Uncke hat es mir gesagt; Uncke hat freilich immer das Wort ›zweideutig‹. Aber es wird wohl stimmen. Un dann die Frau Gundermann. Das is 'ne richtige Berlinsche. Verlass is auf ihm nich und auf ihr nich.«

»Ja, Engelke, du sollst mir helfen und machst es bloß noch schlimmer. Wir könnten es mit Katzler versuchen, aber da ist das Kind krank, und vielleicht stirbt es. Und dann haben wir natürlich noch unsern Pastor; nu der ginge, bloß dass er immer so still dasitzt, wie wenn er auf den Heiligen Geist wartet. Und mitunter kommt er; aber noch öfter kommt er nicht. Und solche Herrschaften, die dran gewöhnt sind, dass einer in einem fort was Feines sagt, ja, was sollen die mit unserm Lorenzen? Er ist ein Schweiger.«

»Aber er schweigt doch immer noch besser, als die Gundermann'sche redt.«

»Das is richtig. Also Lorenzen, und vielleicht, wenn das Kind sich wieder erholt, auch Katzler. Ein Schelm gibt mehr, als er hat. Und dann, Engelke, solche Damen, die überall rum in der Welt waren, da weiß man nie, wie der Hase läuft. Es ist möglich, dass sie sich für Krippenstapel interessieren. Oder höre, da fällt mir noch was ein. Was meinst du zu Koseleger?«

»Den hatten wir ja noch nie.«

»Nein, aber Not lehrt beten. Ich mache mir eigentlich nicht viel aus ihm, indessen is und bleibt er doch immer ein Superintendent, und das klingt nach was. Und dann war er ja mit 'ner russischen Großfürstin auf Reisen, und solche Großfürstin is eigentlich noch mehr als 'ne Prinzessin. Also sprich mal mit Kluckhuhn, der soll 'nen Boten schicken. Ich schreibe gleich 'ne Karte.«

Festliche Erinnerung

Du setzest an die rechte Stelle
Das Hohe, Göttliche der Zeit,
Und jede Stunde wird dir Quelle
Gesteigert neuer Dankbarkeit.

Memento

Weihnachtliche Vorboten

Als Fontane im Jahr 1892 schwer erkrankte, begann er seine Kindheitserinnerungen aufzuschreiben. So entstand der autobiographische Roman »Meine Kinderjahre« (1893). In diesem wunderschönen, literarisch einzigartigen Erinnerungsbuch teilt Fontane mit uns den wohl bedeutendsten Ort seiner Kindheit: sein Zuhause.

Mit dem Gänseschlachten fing es an. Eine reguläre Wirtschaftsführung ohne Gänseschlachten konnte nicht wohl gedacht werden. Es handelte sich dabei um mancherlei, zunächst wohl um die Federn zur Herstellung immer neuer Fremdenbetten, vor allem aber auch um die geräucherten Gänsebrüste, die fast so wichtig waren wie die Schinken und Speckseiten im Rauchfang. Waren, kurz vor Martini, die Gänse zu diesem Zweck in genügender Zahl herangetrieben und auf dem Hofe, wo nun ein entsetzliches Schnattern uns eine Woche lang um unsere Nachtruhe brachte, zu letzter Auffütterung eingepfercht, so wurde auch schon der Tag zu Beginn der Festlichkeit festgesetzt. Meist Mitte November. Auf dem Hofe, hart an die Giebelwand des Hauses sich lehnend, befand sich, wie schon erzählt (und zwar sonderbarerweise mit einem Taubenschlage darüber), die Gesindestube, darin außer der Köchin noch zwei Hausmädchen schliefen. Immer vorausgesetzt, dass sie schliefen. Der Kutscher – an Stelle des alten Ehm war längst eine jugendliche Kraft getreten – sah sich der Hausordnung nach zunächst freilich auf die Häckselkammer neben dem Pferdestall angewiesen, er verzichtete jedoch gern auf die Selbständigkeit dieses ihm zuständigen

Aufenthalts und zog es vor, den ohnehin engen Raum der Gesindestube durch seine Gegenwart noch enger zu machen. Alles nach dem Satze: »Raum ist in der kleinsten Hütte etc.« War nun aber die Gänseschlachtzeit herangekommen, so bedeutete das eine weitere, sehr erheblich gesteigerte Raumbeschränkung, denn am selbigen Abend, an dem das Massakrieren beginnen sollte, stellte sich zu dem, was für gewöhnlich die Gesindestube beherbergte, auch noch ein Aufgebot alter Weiber ein, vier oder fünf, die sonst als Wasch- oder auch wohl als Jätefrauen ihr Dasein fristeten. Und nun begann das Opferfest. Immer spät abends. Durch die weit offenstehende Tür, geöffnet, weil es sonst vor Stickluft nicht auszuhalten gewesen wäre, schienen die Sterne in den verqualmten und durch ein Talglicht kümmerlich erleuchteten Raum hinein. An dem Talglicht immer ein Dieb. Nächst der Tür aber, in einem Halbkreise, standen die fünf Schlachtpriesterinnen, jede mit einer Gans zwischen den Knien, und sangen, während sie mit einem spitzen Küchenmesser die Schädeldecke des armen Tieres durchbohrten (eine Prozedur, deren Notwendigkeit mir nie klar geworden ist), allerlei Volkslieder, deren Text in einem merkwürdigen Gegensatz sowohl zu dem mörderischen Akt wie zu der Trauermelodie stand. So wenigstens musste man annehmen, denn die Mädchen, die, den Gast aus der Häckselkammer zwischen sich, auf der Bettkante saßen, begleiteten die Volkslieder mit unendlichem Vergnügen, ja, die besonders traurig klingenden Stellen sogar mit Juchzern. Meine beiden Eltern waren sittenstreng, und es war oft die Rede davon, ob diesem frechen Treiben nicht Einhalt zu tun sei; schließlich aber hatte man den Kampf dagegen aufgegeben, und mein Vater, dem es schwante, dass dergleichen schon im Altertume vorgekommen sei, sagte, nachdem er nachgeschlagen: »Es ist eine Wiederholung alter Zustände, römische Saturnalien oder, was dasselbe sagen will, momentane Herrschaft der Dienenden über die sogenannte Herrschaft.« Und als er so den Hergang historisch rubriziert hatte, gab er sich zufrieden, umso mehr, als die Mädchen am andern Morgen ihn jedes Mal durch einen ganz besonders sittigen Augenniederschlag erheiterten. Er stellte dann phantastisch ausschweifende Betrachtungen an, als ob *Gil Blas* seine Lieblingslektüre gewesen wäre. Das war aber nicht der Fall, er las vielmehr nur Walter Scott, was ich ihm heute noch danke, denn einige Bröckelchen fielen schon damals für mich ab. *Quentin Durward* zog er allem vor, vielleicht weil es ein französischer Stoff war. Ich habe hier übrigens noch hinzuzufügen, dass die Schrecknisse dieser Gänseschlachtepoche mit der eigentlichen Schlachtnacht und den Trauermelodien keineswegs abgetan waren, sondern sich durch mindestens eine halbe Woche hin noch weiter fortsetzten. Diese Schlachtzeit war nämlich zugleich auch die Zeit, wo das aus Gänseblut zubereitete ›Schwarzsauer‹ tagtäglich auf unseren Tisch kam, ein Gericht, das nach pommerscher Anschauung alles andre aus dem Felde schlägt. Auch mein Vater hielt es für seine Pflicht, sich dieser landestümlichen Anschauung anzuschließen, und sagte, wenn die dampfende Riesenschüssel erschien: »Ah, das ist recht; davon esst nur; das ist die schwarze Suppe der Spartaner; alles Saft und Kraft.« Er selber aber suchte sich geradeso wie wir das Backobst und die Mandelklöße heraus und überließ die Kraftbrühe der Gesindeschaft draußen und vor allem den Schlacht- und Klageweibern, die sich durch ihre Bohrversuche den gegründetsten Anspruch darauf erworben hatten.

Etwa vierzehn Tage später folgte dann das Schweineschlachten. Meine Stellung dazu war noch genau dieselbe wie zu der Zeit, wo ich, kaum siebenjährig, aus der Stadt hinaus auf Alt-Ruppin zu geflohen war, um sowohl dem Anblick wie der ganzen Skala ohr- und herzzerreißender Töne zu entgehen; aber ich war doch inzwischen aus den Kinderjahren in die Jungensjahre hineingewachsen, wo man wohl oder übel seine Ehre darin setzt, alles mannhaft mit durchzumachen, auch wenn sich die eigenste Natur dagegen auflehnt. Dass die Aussicht auf ›Reiswurst mit Rosinen‹ bei Durchführung dieser Tapferkeitskomödie mitgewirkt hätte, kann ich nicht sagen, denn sosehr ich sonst für gute Bissen war, so war ich doch in den der Weihnachtszeit voraufgehenden Wochen immer halb krank von dem unausgesetzt das Haus durchziehenden Fettwrasen. Jedenfalls konnte von gutem Appetit um ebendiese Zeit (trotzdem sich's da gerade verlohnt hätte) nie recht die Rede sein, besonders dann nicht, wenn um Anfang Dezember, wie fast regelmäßig geschah, auch noch ein Hirsch von der Oberförsterei her eingeliefert war, der nun – aufgebrochen wie man ein Rind aufbricht – an die Giebelwand des Gesindehauses gehängt wurde. Tag um Tag trat dann die Köchin an das schreckliche Giebelornament heran und schälte erst das Ziemer und dann die Vorder- und Hinterschlegel heraus, so dass wir immer aufatmeten, wenn es mit dieser Wildherrlichkeit wieder vorbei war.

Unter einem glücklicheren Stern stand die Backwoche, wo mit Pfeffer- und Zuckernüssen begonnen und mit Brezeln, Kranz- und Blechkuchen aufgehört wurde. Wir durften nicht nur mit in die Backstube hinein, darin es überaus anheimelnd nach bitteren Mandeln und geriebener Zitrone roch, sondern erhielten auch, als Weihnachtsvorschmack, eigens für uns Kinder gebackene kleine Wecken, alles reichlich zugemessen. »Ich weiß«, sagte meine Mutter, »dass sie sich den Magen daran verderben, aber das ist besser, wie wenn sie knapp gehalten werden. Sie sollen all diese Zeit über eine Festfreude haben, und die bringt ihnen ein Festkuchen am besten bei.« Es hat was für sich, und bei ganz robusten Kindern mag es das unbedingt Richtige sein. Aber so robust waren wir doch nicht, dass es für uns so ohne weiteres gepasst hätte. Mir war denn auch um Weihnachten herum immer sehr weinerlich zumute.

Allerlei Gewölk

Auch diese Erzählung ist ein Erinnerungsstück aus Fontanes Kinderjahren. Hier weiht er uns ein in die Weihnachtstraditionen seiner Familie und erzählt vom Beisammensein, von glückseliger Stimmung und von Dankbarkeit. Es zeigt sich, dass es Fontane wie kaum ein anderer versteht, das Weihnachtsfest mit den richtigen Worten zu feiern – er hatte aber auch die besten Voraussetzungen dafür, denn seinen Eltern lag stets viel daran, ihren Kindern ein wunderbares Fest zu bescheren.

Weihnachten rückte heran, und schon die ganze Woche vorher hieß es: »Aber diesmal wird es eine Freude sein ... so was Schönes«, und wenn ich dann mehr wissen wollte, setzte die gute Schröder hinzu: »Gerade, was du dir gewünscht hast ... Die Mama ist viel zu gut, denn eigentlich seid ihr doch bloß Rangen.«

»Aber was is es denn?«

»Abwarten.«

Und so, fieberhaft gespannt, sahen wir dem Heiligabend entgegen. Endlich war er da. Wie herkömmlich verbrachten wir die Stunde vor der eigentlichen Bescherung in dem kleinen, nach dem Garten hinaus gelegenen Wohnzimmer meines Vaters, das absichtlich ohne Licht blieb, um dann den brennenden Weihnachtsbaum, den meine Mama mittlerweile zurechtmachte, desto glänzender erscheinen zu lassen. Mein Vater unterhielt uns während dieser Dunkelstunde, so gut er konnte, was ihm jedes Mal blutsauer wurde. Denn wiewohl er unter Umständen, wie vielleicht nur allzu oft hervorgehoben, in reizendster Weise mit uns plaudern und uns durch freie Einfälle, die wir verstanden oder auch nicht verstanden, zu vergnügen wusste, so war er doch ganz unfähig, etwas einer bestimmten Situation Anzupassendes, also etwas für ihn mehr oder weniger Zwangsmäßiges, leicht und unbefangen zum Besten zu geben. Sonst ein so glücklicher Humorist, konnte er den richtigen Ton bei solchen Gelegenheiten nie treffen. Am Weihnachtsabend trat dies immer sehr stark hervor. Er sagte dann wohl zu sich selbst, fast als ob er sich auf eine richtige Stimmung hin präpariere: »Ja, das ist nun also Weihnachten … An diesem Tage wurde der Heiland geboren … ein sehr schönes Fest …«, und hinterher wiederholte er all diese Worte auch wohl zu uns und sah uns dabei mit zurechtgemachter Feierlichkeit an. Aber eigentlich schwankte er bloß zwischen Verlegenheit und Gelangweiltsein, und wenn dann zuletzt die Klingel der Mama das Zeichen gab und wir nach dreimaligem Ummarsch um einen kleinen runden Tisch und unter Absingung eines an Plattheit nicht leicht zu übertreffenden Verses:

»Heil, Heil, Heil,
Heil, dreifacher Segen,
Strahl, o heller Lichterglanz,
Unsrem Fest entgegen«

über den Flur fort in das Vorderzimmer einmarschierten, war er, mein Vater, womöglich noch froher und erlöster als wir, die wir bis dahin doch bloß vor Ungeduld gelitten hatten.

So war es auch an dem hier zu schildernden Weihnachtsabend wieder. Unser Einmarsch, unter Absingung obiger

Strophe, war eben erfolgt, und verwirrt und befangen standen wir, auf den Baum starrend, um die Tafel herum, bis die Mama uns endlich bei der Hand nahm und sagte: »Aber nun seht euch doch an, was euch der heilige Christ beschert hat. Hier das« – und diese Worte richteten sich speziell an mich –, »hier das unter der Serviette, das ist für dich und deinen Bruder. Nimm nur fort.« Und nun zögerten wir auch nicht länger und entfernten die Serviette. Was obenauf lag, weiß ich nicht mehr, vielleicht zwei große Pfefferkuchenmänner oder Ähnliches, jedenfalls etwas, was uns enttäuschte. »Seht nur weiter«, und nun nahmen wir, wie uns geheißen, auch das zweite Tuch ab. Ah, das verlohnte sich. Da lagen gekreuzt zwei schöne Korbsäbel, also genau das (die gute Schröder hatte recht gehabt), was wir uns so sehnlich gewünscht hatten. Und so stürzten wir denn auf die Mama zu, ihr die Hände zu küssen.

Das Eis-Abenteuer

Kinder zieht es stets dorthin, wo Abenteuer sind – beim jungen Theodor Fontane war dies nicht anders. Auch wenn die Weihnachtszeit längst vorbei war und sich der Winter ungewöhnlich milde zeigte, so war das kein Grund für den kleinen Theodor, sich ein Abenteuer entgehen zu lassen. Und dieses hat er wohl nie vergessen.

Zwei Jahre später, Anfang Januar 32, hatten wir wieder ein am Strom spielendes Ereignis. Aber diesmal war es keine Sturmflut, sondern ein kleines Eis-Abenteuer. Die Tage nach Weihnachten waren ungewöhnlich milde gewesen und das Eis, das schon Anfang Dezember das Haff überdeckt hatte, hatte sich wieder gelöst und trieb in großen Schollen, die übrigens den Bootsverkehr nach der Insel Wollin hinüber nicht hinderten, flussabwärts dem Meere zu. Sylvester war wie herkömmlich gefeiert worden und für den zweiten Januar stand ein neues Vergnügen in Sicht, von dem ich mir ganz besonders viel versprach: Mein Freund Wilhelm Krause, der schon als Schüler und Pensionär des bekannten Direktors v. Klöden die Gewerbeschule besuchte, musste am 3. Januar wieder in Berlin sein und seitens seines Vaters, des Kommerzienrats, war mit einigen Freunden verabredet worden, dem liebenswürdigen Jungen, bis nach dem jenseitigen Ufer hinüber, von wo dann die Fahrpost ging, das Geleit zu geben. In einem sichren Eisboote wollte man, zwischen den Schollen hindurch, die Partie machen, alles in allem acht Personen: erst zwei Bootsleute, dann der Kommerzienrat und sein Sohn, dann Konsul Thompson und Sohn und schließlich mein Vater und ich. Ich freute mich ganz ungeheuer darauf. Einmal, weil es was Apartes war, und nicht minder, weil eine glänzende Verpflegung in Aussicht stand. Es verlautete nämlich, dass drüben im Fährhause gefrühstückt und wir drei Jungens mit Eierpunsch und holländischen Waffeln regaliert werden sollten. Ich nahm mir vor, weil mir dies männlicher erschien, mich ausschließlich an den Eierpunsch zu halten, blieb aber später nicht auf der Höhe dieses Entschlusses. Um 9 sollte das Boot von ›Krausen's Klapp‹ abgehen. Wir waren auch alle pünktlich da, nur das Boot nicht, und als wir eine Weile gewartet, erfuhren wir, wovon uns übrigens der Augenschein bereits überzeugt hatte, dass der über Nacht eingetretene starke Frost die Schollen zum Stehen gebracht und die kleinen Wasserläufe dazwischen mit Eis überdeckt habe. Das hätte nun nichts auf sich gehabt, im Gegenteil, wenn nur die Eisdecke um einen Zoll dicker gewesen wäre; sie war aber sehr dünn und so standen wir vor der Erwägung, ob ein Überschreiten des Flusses überhaupt möglich sei. Der Kommerzienrat, dem daran lag, keine Schulversäumnis eintreten zu lassen, war entschieden für das kleine Wagnis, und als die in langen Pelzjacken dastehenden Bootsleute dies erst sahen, meinten sie sofort auch ihrerseits »es werde schon gehen und wenn was passiere, so wäre es auch so schlimm nicht … ein bisschen nasskalt …« »Ja, Kinder«, sagte Thompson, »wie denkt ihr euch das eigentlich? Das heißt doch so viel wie reinfallen und da hat man seinen Schlag weg, man weiß nicht wie. Oder die Eisscholle schneidet einem den Kopf ab.«

»Ih, Herr Konsul, so schlimm wird es ja woll nich kommen.«

»Ja, so schlimm wird es ja woll nich kommen, … das

klingt ganz gut, aber daraus kann ich mir keinen Trost nehmen. Oskar …«, und dabei nahm er seinen Jungen bei der Schulter, »wir zwei bleiben hier; Onkel Krause ist ein Windhund, der kann es riskieren. Und du Bruder, wie steht es mit dir?«

Diese Schlussworte richteten sich an meinen Vater, der ohne Weiteres erklärte, Thompson habe recht. In diesem Augenblick aber traf ihn ein so wehmütiger Blick aus meinen Augen, dass er ins Lachen kam und hinzusetzte: »Nun gut, wenn der Kommerzienrat dich mitnehmen will, meinetwegen … ich bin der Schwerste von euch allen … und von Verpflichtung kann keine Rede sein, eher das Gegenteil …« Und bei diesem Entscheide blieb es.

Einer der Bootsleute, mit einem acht oder zehn Fuß langen Brett auf der Schulter und einem Tau um den Leib, ging vorauf, an dem nachschleifenden Tauende aber hielt sich der Kommerzienrat mit der Linken, während er seinen Jungen an der andern Hand führte; gleich dahinter folgte der zweite Bootsmann, ähnlich ausgerüstet, aber statt des Taus mit einer Eispieke, dran ich mich hielt. So ging es los. Es war zauberhaft und wohl eigentlich nicht sehr gefährlich. Die beiden Bootsleute waren immer vorauf und erfüllten mich mit dem angenehmen Gefühl, »wenn die überfrorne Stelle den Bootsmann getragen hat, dich trägt sie gewiss.« Und das war richtig. Freilich kamen Stellen, wo der Strom so stark ging, dass nicht einmal Schülbereis das Wasser bedeckte, aber solche freie Strömung war immer nur zwischen zwei verhältnismäßig naheliegenden Eisschollen, so dass das Brett, das der Bootsmann trug, vollkommen ausreichte, einen Übergang von einer Scholle zur anderen zu schaffen. War er drüben, so reichte er mir die lange Piekenstange oder richtiger hielt die Stange, so dass sie mir als ein Geländer diente. Kurzum, ich empfand nur so viel von Gefahr, wie nötig war, um den ganzen Vorgang auf seine höchste Genusshöhe zu heben, und als ich, nach dem Frühstück drüben, wieder glücklich zurück war, betrat ich das Bollwerk wie ein junger Sieger und schritt in gehobener Stimmung auf unser Haus zu, wo meine Mutter, die von einem sehr erregten Gespräch zu kommen schien, schon im Flur stand und mich erwartete. Sie küsste mich mit besonderer Zärtlichkeit, dabei immer vorwurfsvoll nach dem Vater hinübersehend und fragte mich, ob ich noch etwas wolle.

»Nein«, sagte ich, »es gab Eierpunsch und Waffeln und ich wollte auch welche für die Geschwister mitbringen; aber mit einem Male gab es keine mehr.«

»Ich weiß schon. Du bist deines Vaters Sohn.«

»Da hat er ganz gut gewählt«, sagte mein Vater.

»Meinst du das wirklich, Louis?«

»Nicht so ganz. Es war nur eine façon de parler.«

»Wie immer.«

Rückblick

Es geht zu End, und ich blicke zurück.
Wie war mein Leben? Wie war mein Glück?

Ich saß und machte meine Schuh;
Unter Lob und Tadel sah man mir zu.

»Du dichtest, das ist das Wichtigste …«
»Du dichtest, das ist das Nichtigste.«

»Wenn Dichtung uns nicht zum Himmel trüge …«
»Phantastereien, Unsinn, Lüge!«

»Göttlicher Funke, Prometheusfeuer …«
»Zirpende Grille, leere Scheuer!«

Von hundert geliebt, von tausend missacht't,
So hab ich meine Tage verbracht.

Verzeichnis der Texte und Druckvorlagen

Die Texte der vorliegenden Ausgabe folgen – unter behutsamer Angleichung an die neue Rechtschreibung – den hier verzeichneten Editionen; in den Textnachweisen werden sie jeweils mit den angegebenen Titelsiglen abgekürzt zitiert. Die mit * versehenen Überschriften wurden vom Verlag formuliert.

A   Theodor Fontane: Autobiographisches. Gedichte. München: Nymphenburger Verlagshandlung, 1969.

AN   Theodor Fontane: Aus dem Nachlaß. Hrsg. von Josef Ettlinger. Berlin: F. Fontane & Co., 1908.

BF   Theodor Fontane: Briefe an seine Familie. Berlin: F. Fontane, 1905.

DS   Theodor Fontane: Der Stechlin. Roman. Hrsg. von Hugo Aust. Stuttgart: Reclam, 2019.

E   Theodor Fontane: Ellernklipp. Nach einem Harzer Kirchenbuch. Berlin: Wilhelm Gerk, 1899. S. 27–37.

EB   Theodor Fontane: Effi Briest. Stuttgart: Reclam, 2020.

G   Theodor Fontane: Gedichte. Hrsg. von Karl Richter. Stuttgart: Reclam, 1998.

GM   Theodor Fontane: Grete Minde. Nach einer altmärkischen Chronik. Stuttgart/Berlin: Cotta, 1903.

MK   Theodor Fontane: Meine Kinderjahre. Berlin: F. Fontane & Co., 1894.

MM   Theodor Fontane: Mathilde Möhring. Hrsg. von Gabriele Radecke. Stuttgart: Reclam, 2019.

NPZ   Theodor Fontane: Des armen Mannes Weihnachtsbaum. In: Neue Preußische Zeitung. 31. 12. 1857. Nr. 305.

SW   Theodor Fontane: Sämtliche Werke. 25 Bde. München: Carl Hanser, 1959–1975.

U   Theodor Fontane: Unwiederbringlich. Hrsg. von Sven-Aage Jorgensen. Stuttgart: Reclam, 1986.

Weihnachten mit Fontane

9 SW 6,455 f.

Eisig ist der Winter

11 SW 6,303 | 13 *U 177 | 14 SW 6,698 | 15 SW 6,321| 16 SW 6,307 |
17 SW 6,677 | 18 SW 6,310

Weihnachtsgrüße aus tiefstem Herzen

19 SW 6,401 | 21 BF 46f. | 23 SW 6,404f. | 25 SW 6,409 | 26 SW
6,420 | 27 G 96

Das Weihnachtsfest ist endlich da

29 SW 6,410 | 31 SW 6,763–765 | 33 MM 51–53,55 f. | 36 *GM
46–49 | 41 SW 6,614 | 42 NPZ 305 | 44 *EB 106–111 | 51 G 57–60 |
55 *E 27–37 | 64 SW 3,12 | 65 *DS 290 ff.

Festliche Erinnerung

71 SW 6,311 | 73 *A 89–92 | 78 MK 292–295 | 81 *MK 185–189 |
85 SW 20,32f.